基本調味料で作る鍋

市瀬悦子

はじめに

私は季節を問わず鍋料理をよく作ります。
忙しい毎日の食卓を支えてくれているのは鍋料理！
といっても過言ではありません。
そんなありがたい鍋料理を、みなさんのご家庭でも、
気軽に作ってもらいたい！ そして役立ててもらいたい！
そう考えたのがこの本の始まりでした。

特別なものではなく、この本でご紹介する鍋料理は、
毎日のおかずのような扱いですから、
簡単に作れなければなりません。
そこで考えたのが「基本調味料」で作れる、
というコンセプトでした。

鍋料理の最高の味つけは素材の味です。
なんの変哲もない、いつもの調味料だけでおいしく作れるの？
と疑問に思うかもしれませんが、
鶏肉からはおいしいだしが出ますし、
白菜などの野菜からもたっぷりのうまみが広がりますし、

キムチなどを入れれば辛さも加わります。
調味料と食材の組み合わせによって、
和・洋・中・エスニックとさまざまな鍋が作れるんです。

市販の「鍋の素」はたくさんの種類があってとっても便利ですが、
中には塩分が高めに感じるものもあります。
この本のレシピならば基本調味料で
自分好みに作ることができますから、
塩分を抑えることができますし、アレンジも自由自在。
思い立ったらすぐに作れるのも、
繰り返し作っても飽きずに食べられるのも、
基本調味料で作れる鍋ならではでしょう。

決してごちそうではないけれど、強い味方。
野菜がたっぷり食べられて健康的ですし、なにしろ簡単でおいしい！
こんな心強い料理、ほかにあったかしら？
この本のレシピが、
みなさんの日々のごはん作りのお役に立てたらうれしいです。

市瀬悦子

もくじ

塩の鍋

しょうゆの鍋

みその鍋

たれの鍋

応用編

❶ **オイスターソース**で作る鍋

❷ **ナンプラー**で作る鍋

column 余りもので作る鍋

① **めんつゆ**で作る鍋

② **焼き肉のたれ**で作る鍋

③ **カレールウ**で作る鍋

この本の「基本調味料」について

この本では多くの家庭で常備しているであろう、これら8種の調味料を「基本調味料」としています。どのレシピでもここに食材のうまみや、ちょっとした辛みを加えるだけで、さまざまな味わいを生み出すことができます。とりたてて高価なものを使う必要はなく、いつも使っているもので構いません。

◎塩

ミネラルが豊富でうまみのある粗塩を使用（岩塩でも可）。さらさらの精製塩を使う場合は塩辛くなりやすいので量を控えめにしてください。

◎しょうゆ

有機しょうゆを使用しましたが、普段使っている好みのもので大丈夫です。

◎みそ

信州みそ（塩分12％前後）を使用しましたが、好みのもので構いません。みそは商品ごとに味、香り、塩分が異なるので、味をみて量を調節しましょう。

［基本調味料で作るから…］

1 すぐに作れる！

特別な調味料は必要ないので、いま家にあるものでパパッと作れます。しかもその組み合わせは無限大。決まった調味料でも、さまざまな味を生み出すことができ、飽きることがありません。

2 ヘルシー！

調味料は最小限しか使っていません。しかも市販の「鍋の素」とは異なり、一から自分で作るので、塩分も糖分も調整可能です。自分の健康状態や好みに合わせてカスタマイズしてください。おなじみの調味料で作ったものですから中身も安心です。

3 経済的！

調味料や食材も、特に高価なものを使う必要はありません。素材の味を上手に引き出せば、お店も顔負けの鍋料理ができあがります。市販の「鍋の素」を買うことに比べると、いつもの調味料、食材で作れるので、とてもおトクです。

◎酒（白ワイン）

酒は安くても構いませんので日本酒をおすすめします。白ワインもリーズナブルなものでOK。

◎みりん

本みりんであれば好みのもので大丈夫です。みりん風調味料は味や風味が変わってしまうのでおすすめできません。

◎酢

米酢を使用しています。穀物酢は酸味が強めで、すっきりとした味になります。

◎砂糖

上白糖を使いましたが、きび砂糖でも構いません。普段使っているものでOK。

◎こしょう

黒こしょうと白こしょうを、ミルでひいて使っています。あらかじめ粗くひいてあるものや粉状のものでも構いません。

「だし」について

調味料以外に、だしも鍋の味を決定づける大切な要素です。材料表に「だし汁」と書いてある場合は、昆布と削り節でとったものを使用しました。市販のものでも構いませんが、余裕があれば自分でとってみてください（左ページ参照）。洋風のもの、中華風のものは顆粒タイプを使用しています。素材のうまみを活かすため、最小限の分量しか使いません。

◎鶏がらスープの素

（顆粒）

チキンエキスをベースにしたスープの素。おもに中華風の鍋に使用します。

◎洋風スープの素

（顆粒）

肉や香味野菜のうまみが凝縮されたスープの素。別名「コンソメ」。固形タイプを使う場合は、顆粒小さじ２で固形１個分が目安です。

◎昆布

利尻昆布や日高昆布など、だし用昆布であれば普段使っているもので構いません。

◎削り節

だしをとるときは、細かく削ってある小分けパックのものではなく、大きく薄く削ってあるものを使います。

「辛み」について

この本では基本調味料以外に赤唐辛子、豆板醤、ラー油、一味唐辛子など、アクセントとして辛みも使用しています。辛いのが苦手な方や子どもといっしょに食べる場合は、辛みの量は好みで調節してください。

その他の食材について

・オリーブオイルやごま油、バターなどの油は仕上げに風味づけとして加えます。こくを出すために煮汁やたれに加えることも。

・牛乳は普通の牛乳を使用。あっさりとした仕上がりになりますが、低脂肪や無脂肪牛乳を使ってもＯＫです。豆乳は成分無調整のものを使いましたが、調製豆乳でも作れます。

「あく」について

レシピに記載はありませんが、煮ている際にあく（茶色や白っぽい泡）が出てきたら、あくすくいやお玉などですくいとってください。あくにはえぐみがあるので、こまめにとりましょう。

この本の使い方

●材料は2〜3人分です。

●カロリーと塩分量は3人で食べた場合の1人分です（〆は除く）。煮汁は基本的に½量を摂取するものと仮定しています。

●野菜などの分量は基本的に皮や種などを含んだものです。正味のものは正味と記載しています。また、洗う、皮をむくなどの基本的な下準備を済ませてからの手順となっています。

●電子レンジは600Ｗのものを使用しています。

●大さじ1は15㎖、小さじ1は5㎖です。

だしのとり方

❶ だし昆布10×5㎝1〜2枚は水で濡らしてかたく絞った厚手のペーパータオルで表面の汚れをさっと拭く。鍋に入れ、水1200㎖を加えて30分ほどおく。

❷ 鍋を弱火で熱し、小さな泡が出てきたら昆布を取り出す。

❸ 強火にして、煮立つ直前に削り節20gを広げるように一度に加える。すぐ弱火にして菜箸で沈め、1分ほど煮る。火を止め、削り節が自然と沈むまでおく。

❹ ペーパータオルを敷いたざるに上げてこす。

※約1000㎖できる。保存する場合は冷ましてから容器などに移し、冷蔵室で3日ほど、冷凍室で3週間ほど保存可能。

塩の鍋

豚バラ薄切り肉の代わりに鶏もも肉でもおいしいです。にんにくをしょうが1かけ（せん切り）に代えるとすっきりとした味に。

豚バラとキャベツの塩鍋

おなじみの食材をシンプルに組み合わせただけで
なんとも味わい深い鍋になります。
ごてごてした味つけは不要。
少ない調味料で食材のおいしさを最大限に引き出します。

［材料と下準備］ 2〜3人分

豚バラ薄切り肉 … 200g
▶長さ6cmに切る

キャベツ … 1/2個
▶大きめのひと口大に切る

にんにく … 3かけ
▶薄切りにする

赤唐辛子 … 1本
▶小口切りにする

A 水 … 1000mℓ
鶏がらスープの素（顆粒）… 小さじ1
酒 … 大さじ2
塩 … 小さじ1と1/2

1 鍋に**A**を混ぜて中火で熱し、煮立ったら豚肉を入れる。再び煮立ったらキャベツを加え、7〜8分煮る。

2 キャベツがしんなりとしたらにんにくと赤唐辛子を加え、さっと煮る。

うどん	残った煮汁に冷凍うどん1玉を凍ったまま加え、ほぐしながらやわらかくなるまで煮る。

302kcal
塩分 1.5g

豚バラと豆苗の塩レモン鍋

豚バラの濃厚なうまみを鍋全体に広げながらも、
レモンの酸味でさっぱりと仕上げました。
豆苗はシャキシャキとした食感が残るくらいが
おいしくいただけますので、
最後に加えてさっと火を通してください。

［材料と下準備］ 2～3人分

豚バラ薄切り肉 … 200g
▶長さ6cmに切る

長ねぎ（青い部分も使用） … 1本
▶厚さ1cmの斜め切りにする

レモン（国産） … 1個（またはレモン果汁大さじ2～3）
▶よく洗って厚さ2mmの輪切りにする

豆苗 … 2パック
▶根元を切り落として長さを半分に切る

A 水 … 1000mℓ
鶏がらスープの素（顆粒） … 小さじ1
酒 … 大さじ2
砂糖 … 大さじ1/2
塩 … 小さじ1と1/2
にんにく（すりおろし） … 1/4かけ分

ごま油 … 大さじ1

1 鍋に**A**を混ぜて中火で熱し、煮立ったら豚肉を入れる。再び煮立ったら長ねぎを加え、2～3分煮る。

2 長ねぎがしんなりとしたらレモンと豆苗を加え、ごま油を回しかけてさっと煮る。

ラーメン

中華生めん1玉はパッケージの表示どおりにゆでて器に盛り、残った煮汁（あればレモンも）をかけて粗びき黒こしょう少々をふる。

鶏もも肉でもおいしいです。豆苗の代わりにせりでもOK。

330kcal
塩分 1.5g

豚肉とにんじんのビネガー蒸し鍋

酸味とバターが甘みのある野菜にメリハリをつけます。

270kcal
塩分 2.2g

[材料と下準備] 2〜3人分

豚ロース薄切り肉（しょうが焼き用）
…200g
玉ねぎ…1/2個
▶縦に薄切りにする
にんじん…2本
▶厚さ3㎜の輪切りにする
パプリカ（黄）…1個
▶縦半分に切ってから横に薄切りにする
にんにく…1かけ
▶薄切りにする
A 水…150㎖
白ワイン…大さじ3
酢…大さじ3
塩…小さじ1
砂糖…小さじ1
▶混ぜ合わせる
塩、粗びき黒こしょう…各適量
バター…15g

1 鍋に玉ねぎ、にんじん、パプリカ、豚肉の順に1/2量ずつ重ね入れ、塩、粗びき黒こしょう各少々をふり、にんにくの1/2量を散らす。これをもう一度繰り返す。

2 **A**を回し入れて中火で熱し、煮立ったらふたをして弱めの中火で10分ほど蒸し煮にする。

3 全体に火が通ったらバターを粗くちぎって加え、ざっくり混ぜる。

ベーコンやラム肉（薄切り）など、うまみやくせの強い肉でもおいしいです。

豚肉とレタスの豆乳鍋

くたくたになるまで火を通したレタスが美味！

237kcal
塩分 1.5g

[材料と下準備] 2〜3人分

豚ロース薄切り肉（しゃぶしゃぶ用）
…200g
エリンギ…1パック
▶縦に食べやすい大きさに裂く
レタス…1玉
▶大きめにちぎる
A 水…500mℓ
鶏がらスープの素（顆粒）
…小さじ1
酒…大さじ2
塩…小さじ1と1/3
しょうゆ…小さじ1
豆乳…300mℓ
ごま油…大さじ1
粗びき黒こしょう…適量

1 鍋に**A**を混ぜて中火で熱し、煮立ったら豚肉とエリンギを入れて煮る。豚肉の色が変わったらレタスを加え、返しながら少ししんなりとするまで煮る。

2 豆乳を加えて弱火にし、煮立たせないように温める。ごま油を回し入れ、粗びき黒こしょうをふる。

そうめん
そうめん1束はパッケージの表示どおりにゆでて器に盛り、残った煮汁をかけて粗びき黒こしょう少々をふる。

エリンギは別のきのこで代用できます。もやしにしてもおいしいです。豆乳は分離しないよう弱火で温めるのがコツ。

くずし豆腐のキムチーズ鍋

唐辛子などを使わなくても
キムチがあれば辛い鍋が完成！
強いうまみも加わります。
豆腐をくずしながら汁によくからめてめしあがれ。

[材料と下準備] 2〜3人分

豚こま切れ肉 … 150g
木綿豆腐 … 1丁
白菜 … 1/8個
▶長さ6㎝に切ってから細切りにする
白菜キムチ（カットタイプ）… 120g
ピザ用チーズ … 80g
A 水 … 400㎖
鶏がらスープの素（顆粒）… 小さじ1
酒 … 大さじ2
塩 … 小さじ1
しょうゆ … 小さじ1
B 豆乳 … 250㎖
片栗粉 … 小さじ2
▶溶き混ぜる

1 鍋に**A**を混ぜて中火で熱し、煮立ったら豚肉を入れる。再び煮立ったら中央に豆腐、その周りに白菜を加え、ふたをして7〜8分煮る。

2 白菜がしんなりとしたら**B**をもう一度混ぜてから加え、弱火にして煮立たせないように温める。

3 豆腐の上にキムチとピザ用チーズをのせ、チーズが溶けるまで温める。豆腐をくずしながらいただく。

〆

もち	切りもち2〜3個はオーブントースターなどでこんがりと焼いて器に盛り、残った煮汁をかけてラー油適量をかける。

362kcal
塩分 2.7g

鶏手羽と大根のしょうが鍋

骨つきの鶏肉にはうまみがたっぷり。
大根にもしみわたって、
シンプルながらくせになるおいしさ！
〆は卵雑炊。好みのかたさに仕上げてください。

［材料と下準備］ 2〜3人分

鶏手羽元 … 8本
▶骨に沿って切り込みを入れる

大根 … 1/2本
▶長さ5cmに切ってから6つ割りにする

しょうが … 2かけ
▶薄切りにする

A だし汁 … 1000mℓ
酒 … 大さじ2
塩 … 小さじ1と1/2
しょうゆ … 小さじ1/2

ゆずこしょう … 適量

1 鍋に**A**を混ぜる。手羽元、大根、しょうがを入れて中火で熱し、煮立ったら弱めの中火にして30分ほど煮る。

2 手羽元がやわらかくなったら、ゆずこしょうをつけていただく。

〆

卵雑炊

温かいご飯150gはざるに入れ、流水でさっと洗ってぬめりを取り、残った煮汁に加えて温める。溶き卵1個分を回し入れ、ひと煮する。

鶏手羽元はほかの骨つきの鶏肉、たとえば骨つき鶏もも肉（水炊き用）や鶏手羽中でもOK。
普通の鶏もも肉でも作れないこともありません。ゆずこしょうの代わりに練り辛子をつけてもおいしいです。

250kcal
塩分 2.5g

ささみと緑野菜のヘルシー鍋

カロリーも脂質も少ないささみに
たっぷりの緑野菜を合わせた健康的な鍋。
ささみのうまみで葉野菜もしっかりおいしい鍋の具になります。

［材料と下準備］ 2〜3人分

鶏ささみ（筋なし）… 200g
▶ひと口大のそぎ切りにする

サニーレタス … 1/2個
▶大きめにちぎる

春菊 … 1/2束
▶葉を摘む

香菜 … 2〜3株
▶長さ5cmに切る

にんにく … 1かけ
▶薄切りにする

しょうが … 1かけ
▶薄切りにする

A 水 … 800mℓ
鶏がらスープの素（顆粒）… 小さじ1
酒 … 大さじ2
塩 … 小さじ1

ライム（くし形切り）… 適量

1 鍋に**A**を混ぜる。にんにくとしょうがを入れて中火で熱し、煮立ったらささみを加えて2〜3分煮る。

2 ささみに火が通ったらサニーレタス、春菊、香菜を各適量加えてさっと煮る。ライムを搾っていただく。

そうめん

そうめん1束はパッケージの表示どおりにゆでて冷水でしめ、水けをきる。残った煮汁に加えてさっと煮、器に盛って香菜適量をのせる。

鶏ささみの代わりに鶏胸肉や豚もも薄切り肉でもOK。野菜はレタスや水菜など、葉野菜全般よく合います。

96kcal
塩分 1.1g

鶏胸とれんこんのあっさり鍋

あっさりしつつ栄養満点！薄切りれんこんの食感がアクセントに。

234kcal
塩分 1.7g

［材料と下準備］ 2～3人分

鶏胸肉 … 300g
▶皮を取り、ひと口大の薄いそぎ切りにして酒大さじ1、片栗粉大さじ1/2、塩少々をもみ込む

れんこん … 250g
▶あればスライサーで薄い輪切りにし、さっと水にさらして水けをきる

クレソン … 3束
▶葉を摘み、茎は長さを半分に切る

A だし汁 … 800mℓ
酒 … 大さじ3
みりん … 大さじ3
塩 … 小さじ1と1/2
しょうゆ … 小さじ1/2

いりごま（白）… 適量

汁かけご飯

温かいご飯150gを器に盛り、残った煮汁をかける。焼きのり適量をちぎってのせ、練りわさび少々を添える。

1 鍋にAを混ぜて中火で熱し、煮立ったら鶏肉を入れる。再び煮立ったられんこんとクレソンの茎を加え、4～5分煮る。

2 鶏肉に火が通ったらクレソンの葉を加え、ごまをふる。

鶏胸肉の代わりに鶏ささみや豚もも薄切り肉でもOK。野菜はほかに大根やせりなどもよく合います。

鶏とじゃがいものモロッコ風鍋

じゃがいもにしみた鶏のうまみを香味野菜とレモンが引き立てます。

344kcal
塩分 1.5g

[材料と下準備] 2〜3人分

鶏もも肉 … 300g
▶余分な脂肪を取って大きめのひと口大に切り、塩小さじ1/2をすり込む

じゃがいも … 3個
▶4つ割りにしてさっと水にさらし、水けをきる

セロリ（葉つき）… 1本
▶茎と葉に切り分け、茎は厚さ5㎜の斜め切り、葉は大きめにちぎる

レモン（国産）… 2㎝
▶よく洗って厚さ5㎜の輪切りにする

A 水 … 200㎖
塩 … 小さじ1/4
ローリエ（あれば）… 1枚

バター … 15g

1 鍋に**A**を混ぜる。じゃがいも、セロリの茎、葉、鶏肉、レモンの順に重ね入れ、バターをのせて中火で熱する。煮立ったらふたをし、弱めの中火にして15分ほど蒸し煮にする。

2 全体に火が通ったらざっくり混ぜる。

 鶏もも肉の代わりに牛切り落とし肉やかじきでもOK。玉ねぎを入れてもおいしいです。

鶏とかぶのすだち鍋

すだちの旬にぜひ食べたいさっぱりおいしい鍋。

272kcal
塩分 1.7g

［材料と下準備］ 2〜3人分

鶏もも肉 … 300g
▶余分な脂肪を取ってひと口大に切る

かぶ（葉つき）… 4個
▶根と葉に切り分け、根は4つ割り、葉は長さ5㎝に切る

すだち … 2個
▶よく洗って厚さ2㎜の輪切りにする

A だし汁 … 800mℓ
酒 … 大さじ3
みりん … 大さじ3
塩 … 小さじ1と1/2
しょうゆ … 小さじ1

1 鍋に**A**を混ぜて中火で熱し、煮立ったら鶏肉を入れる。再び煮立ったらかぶの根を加え、7〜8分煮る。

2 かぶの根に竹串を刺してみて、すっと通るようになったらかぶの葉を加え、さっと煮て、すだちを全体にのせる。

うどん

残った煮汁に冷凍うどん１玉を凍ったまま加え、ほぐしながらやわらかくなるまで煮る。器に盛り（あればすだちも）、ゆずこしょう適量をのせる。

鶏もも肉の代わりに鶏手羽中や豚バラ薄切り肉でもおいしいです。すだちは長く煮ると苦みが出るので仕上げに加えます。

鶏手羽とじゃがいもの タッカンマリ風

韓国の水炊き鍋、タッカンマリはうまみたっぷりのスープが主役！

340kcal
塩分 1.4g

塩

酒

[材料と下準備] 2〜3人分

鶏手羽先 … 8本
じゃがいも … 3個
▶厚さ2cmの輪切りにしてさっと水にさらし、水けをきる
細ねぎ … 5本
▶長さを3等分に切る
にんにく … 2かけ
▶薄切りにする
A 水 … 1000mℓ
　酒 … 大さじ2
　塩 … 小さじ1と1/2
ごま油 … 大さじ1
粉唐辛子（または一味唐辛子）、
　すりごま（白）… 各適量

〆

ラーメン

中華生めん1玉はパッケージの表示どおりにゆでて器に盛り、残った煮汁をかける。

1 鍋に**A**を混ぜる。手羽先を入れて中火で熱し、煮立ったら弱めの中火にして15分ほど煮る。じゃがいもを加え、さらに15分ほど煮る。

2 じゃがいもに竹串を刺してみて、すっと通るようになったら、にんにくと細ねぎを加えてひと煮し、ごま油を回しかけ、粉唐辛子とごまをふる。

 鶏手羽先の代わりに鶏手羽元や骨つき鶏もも肉（水炊き用）でもOK。細ねぎは春菊でもおいしいです。

鶏だんごのハリハリ鍋

何度食べても飽きないおいしさ！
水菜にはあまり火を通さず、
シャキシャキとした食感を残したほうが
鶏だんごとのコントラストが際立ちます。

［材料と下準備］ 2～3人分

鶏だんご
- 鶏ひき肉 … 300g
- しょうが（すりおろし） … 1/2かけ分
- 酒 … 小さじ2
- 片栗粉 … 小さじ2
- ごま油 … 小さじ1
- 塩 … 小さじ1/3

▶粘りが出るまで練り混ぜる

水菜 … 1束

▶長さ8㎝に切る

A だし汁 … 1000㎖
- 酒 … 大さじ2
- みりん … 大さじ1
- 塩 … 小さじ1と1/3
- しょうゆ … 小さじ1/2

ゆずの皮（せん切り） … 適量

1 鍋に**A**を混ぜて中火で熱し、煮立ったら鶏だんごのたねをスプーン2本を使ってひと口大に丸めながら入れ、ときどき返しながら5分ほど煮る。

2 鶏だんごに火が通ったら水菜を加えてさっと煮、ゆずの皮を散らす。

そうめん

そうめん1束はパッケージの表示どおりにゆでて冷水でしめ、水けをきる。残った煮汁に加えてさっと煮、せん切りにしたゆずの皮と小口切りにした細ねぎ各適量を散らす。

水菜の代わりに白菜、キャベツ、レタスでもおいしいです。ゆずがなければレモンの皮でも構いません。

242kcal
塩分 2.0g

ミートボールとキャベツのトマト鍋

うまみたっぷりのトマト缶が大活躍！
子どもにもうける味です。
キャベツはくたくたになるまで
火を通したほうがおいしくいただけます。

［材料と下準備］ 2〜3人分

ミートボール
- 合いびき肉 … 250g
- 溶き卵 … 1/2個分
- パン粉 … 1/2カップ
- 牛乳 … 大さじ2
- 塩 … 小さじ1/4
- こしょう … 少々

▶粘りが出るまで練り混ぜ、10等分にして丸める

ホールトマト缶 … 1缶（400g）

キャベツ … 大1/4個

▶ひと口大に切る

にんにく … 1かけ

▶薄切りにする

A 水 … 600mℓ
- 砂糖 … 大さじ1/2
- 塩 … 小さじ2/3
- ローリエ（あれば）… 2枚

オリーブオイル … 大さじ1

粉チーズ … 適量

1 鍋にホールトマトを入れて木べらで身を粗くつぶし、**A**を加えて混ぜる。中火で熱し、煮立ったらミートボールのたねを加え、再び煮立ったらキャベツとにんにくを加え、弱めの中火にして20分ほど煮る。

2 ミートボールに火が通ったらオリーブオイルを回しかけ、粉チーズを添える。

パスタ

スパゲッティ60gは塩適量を入れた熱湯でパッケージの表示時間より1分ほど短くゆでる。残った煮汁に加えてさっと煮、器に盛って粉チーズ適量をふる。

343kcal
塩分 1.4g

ポトフ風

具材は豪快に切って鍋へ！
ベーコンのうまみで
味がびしっと決まり、
シンプルな素材のおいしさが楽しめます。

［材料と下準備］ 2〜3人分

ベーコン … 6枚
玉ねぎ … 1個
▶縦半分に切る
キャベツ … 大1/4個
▶芯をつけたまま2等分のくし形切りにする
A 水 … 1000mℓ
洋風スープの素（顆粒）… 小さじ1
塩 … 小さじ2/3
こしょう … 少々
ローリエ（あれば）… 2枚
粗びき黒こしょう … 適量

1 鍋に**A**を混ぜる。玉ねぎを入れて中火で熱し、煮立ったらふたをして弱火で15〜20分煮る。

2 玉ねぎに竹串を刺してみて、すっと通るようになったらキャベツとベーコンを加える。ふたをして途中で上下を返し、20分ほど煮る。

3 キャベツが芯までやわらかくなったら、粗びき黒こしょうをふる。

〆 **パスタ**

スパゲッティ60gは塩適量を入れた熱湯でパッケージの表示時間より1分ほど短くゆでる。残った煮汁に加えてさっと煮る。

〆は鍋に温かいご飯150gを加えてスープご飯にしてもおいしいです。

182kcal
塩分 1.5g

サルサベルデの魚介蒸し鍋

パセリやにんにくで作るソース、サルサベルデが魚介にマッチします。

244kcal
塩分 2.1g

［材料と下準備］ 2～3人分

あさり（砂抜き済み）… 250g
▶殻同士をこすり合わせて洗う

かじき（切り身）… 2切れ
▶3等分に切り、塩小さじ1/4、こしょう少々をふる

カリフラワー … 小1株
▶小房に分ける

A 水 … 200mℓ
白ワイン … 大さじ2
塩 … 小さじ1/4
▶混ぜ合わせる

サルサベルデ
パセリ（みじん切り）… 大さじ2
にんにく（みじん切り）… 1/2かけ分
オリーブオイル … 大さじ3
塩 … 小さじ1/4
▶混ぜ合わせる

1 鍋にカリフラワー、あさり、かじきの順に重ね入れ、**A**を回しかける。ふたをして中火で熱し、10分ほど蒸し煮にする。

2 全体に火が通ったら、サルサベルデをかける。

かじきの代わりにいかや豚こま切れ肉でもOK。サルサベルデは肉や魚、野菜の蒸しものにかけてもおいしいんです。

焼きさばとじゃがいもの塩バター鍋

あればディルを加えるとさばによく合います。

339kcal
塩分 1.9g

［材料と下準備］ 2〜3人分

塩さば（半身・中骨つき）… 1切れ
▶幅3cmに切る

じゃがいも … 3個
▶厚さ5mmの半月切りにしてさっと水にさらし、水けをきる

ブラックオリーブ（種なし）… 10個

にんにく … 1かけ
▶薄切りにする

ディル（好みで）… 適量

A 水 … 300mℓ
洋風スープの素（顆粒）… 小さじ1/2
塩 … 小さじ1/2
こしょう … 少々

オリーブオイル … 大さじ1

バター … 15g

1 フライパンにオリーブオイルを中火で熱し、塩さばの両面に薄く焼き色がつくまで1〜2分ずつ焼く。

2 鍋に**A**を混ぜて中火で熱し、煮立ったら、じゃがいも、にんにく、**1**の順に重ね入れ、オリーブを散らして5〜6分煮る。

3 全体に火が通ったらバターを加え、ディルを粗くちぎってのせる。

ディルの代わりにイタリアンパセリでもOK。薄切りにしたバゲットを煮汁に浸していただくのもおいしいです。

152kcal
塩分 1.6g
※パンは除く

えびの代わりにボイルほたてやかじきでもおいしいです。**A**にカレー粉小さじ2を加えたり、仕上げに粗びき黒こしょうをふっても。

えびとかぶのミルク鍋

やさしい味のミルク鍋は子どもにも人気。魚介全般や、鶏胸肉、ささみなど、あっさりした肉にも合います。パンを浸しながらめしあがれ。

［材料と下準備］ 2〜3人分

えび … 12尾
▶尾に近い1節を残して殻をむき、背に浅い切り込みを入れて背わたを取る

かぶ（葉つき）… 小4個
▶根と葉に切り分け、根は4つ割り、葉は長さ6cmに切る

玉ねぎ … 1個
▶厚さ1cmのくし形切りにする

A 水 … 500mℓ
洋風スープの素（顆粒）… 小さじ1
白ワイン … 大さじ2
塩 … 小さじ1と1/4
ローリエ（あれば）… 1枚

牛乳 … 150mℓ
バター … 15g
好みのパン（薄切り）… 適量

1 鍋に**A**を混ぜて中火で熱し、煮立ったら、かぶの根と玉ねぎを入れ、5〜6分煮る。

2 かぶの根に竹串を刺してみて、すっと通るようになったら、えびとかぶの葉を加えて2分ほど煮る。

3 牛乳とバターを加えて弱火にし、煮立たせないように温める。パンを煮汁に浸していただく。

column
1

めんつゆで作る鍋

305kcal
塩分 2.3g

豚バラとなすのめんつゆ鍋

3つの素材の組み合わせが味がしっかりしためんつゆにマッチ！ご飯が進みます。

［材料と下準備］ 2〜3人分

豚バラ薄切り肉 … 200g
▶長さ6cmに切る

なす … 3本
▶6つ割りにしてさっと水にさらし、水けをきる

まいたけ … 1パック
▶食べやすい大きさに分ける

しょうが … 1かけ
▶せん切りにする

A 水 … 600mℓ
めんつゆ（3倍濃縮）… 100mℓ
塩 … 小さじ1/4

1 鍋に**A**を混ぜて中火で熱し、煮立ったら豚肉を入れる。再び煮立ったらなす、まいたけ、しょうがを加え、なすがしんなりとするまで10分ほど煮る。

そうめん

そうめん1束はパッケージの表示どおりにゆでて冷水でしめ、水けをきる。残った煮汁に加え、さっと煮る。

豚バラ薄切り肉は鶏もも肉でも。まいたけは好みのきのこで構いません。仕上げに粉山椒をふってもおいしいです。

3倍濃縮のものを使用。しょうゆ、みりん、砂糖、塩などが入っているので、味つけはほぼこれだけでOK。余っていたらぜひ鍋に！

294kcal
塩分 2.4g

鶏、ごぼう、たたき長いものめんつゆ鍋

シャキシャキとした長いもの食感がアクセントになります。鶏肉とめんつゆでうまみたっぷり！

［材料と下準備］ 2～3人分

鶏もも肉 … 300g
▶余分な脂肪を取ってひと口大に切る

ごぼう … 1本
▶厚さ3mmの斜め切りにして
さっと水にさらし、水けをきる

長いも … 250g
▶厚手のポリ袋に入れてめん棒でたたき、小さく割る

A 水 … 600mℓ
めんつゆ（3倍濃縮）… 100mℓ
塩 … 小さじ1/4

長ねぎ（青い部分・小口切り）… 適量

1 鍋に**A**を混ぜる。鶏肉とごぼうを入れて中火で熱し、煮立ったらふたをして弱火にし、15分ほど煮る。

2 ごぼうがやわらかくなったら中火にし、長いもを加えてさっと煮、長ねぎを散らす。

うどん 残った煮汁に冷凍うどん1玉を凍ったまま加え、ほぐしながらやわらかくなるまで煮る。器に盛り、一味唐辛子適量をふる。

 鶏もも肉は豚バラ薄切り肉でもOK。ごぼうを減らして代わりに好みのきのこをたしてもよいです。

しょうゆの鍋

260kcal
塩分 2.0g

豚こま切れ肉の代わりに豚バラ薄切り肉でも。青梗菜は小松菜でもおいしいです。春雨は戻さずそのまま加えてOK。

豚こまと青梗菜の中華風春雨鍋

にんにく入りでパンチのある食べごたえ抜群の鍋。春雨がうまみを吸って、ますますおいしく！

[材料と下準備] 2〜3人分

豚こま切れ肉 … 200g
青梗菜 … 大2株
▶長さを半分に切り、軸はさらに8つ割りにする

春雨（乾燥）… 50g
▶長さを半分に切る

にんにく … 1かけ
▶薄切りにする

A 水 … 800mℓ
鶏がらスープの素（顆粒）… 小さじ1
しょうゆ … 大さじ2
塩 … 小さじ1/3
こしょう … 少々
ごま油 … 少々

1 鍋に**A**を混ぜて中火で熱し、煮立ったら豚肉を入れる。再び煮立ったら青梗菜の軸と春雨を加え、弱めの中火にして5分ほど煮る。

2 春雨がやわらかくなったら青梗菜の葉とにんにくを加え、さっと煮る。

肉豆腐鍋

甘じょっぱいところに卵を加えて、
マイルドにするのがおいしい！
たんぱく質もたっぷりで、
元気が出るおかず鍋です。

［材料と下準備］ 2〜3人分

豚バラ薄切り肉 … 200g
▶長さ6cmに切る

木綿豆腐 … 小2丁
▶大きめのひと口大に切る

卵 … 2個

長ねぎ（青い部分も使用）… 2本
▶長さ5cmに切る

A 水 … 500mℓ
しょうゆ … 大さじ3と1/2
酒 … 大さじ2
砂糖 … 大さじ2

一味唐辛子 … 適量

1 鍋に**A**を混ぜて中火で熱し、煮立ったら豚肉を入れる。再び煮立ったら豆腐と長ねぎを加え、弱めの中火にしてときどき返しながら10分ほど煮る。

2 長ねぎがしんなりとしたら卵を落とし入れ、好みの加減になるまで煮て、一味唐辛子をふる。

うどん

残った煮汁に冷凍うどん１玉を凍ったまま加え、ほぐしながらやわらかくなるまで煮る。器に盛り、一味唐辛子適量をふる。

長ねぎは玉ねぎでも構いません。煮ながらときどき全体を返して、むらなく味を行き渡らせましょう。

454kcal
塩分 1.9g

豚バラと白菜のミルフィーユチーズ鍋

定番の組み合わせにチーズを加えてさらにおいしく！

346kcal
塩分 1.3g

［材料と下準備］ 2～3人分

豚バラと白菜のミルフィーユ
- 豚バラ薄切り肉 … 200g
- 白菜 … 大1/4個

▶白菜は1枚ずつはがす。白菜1～2枚、豚肉1～2枚の順に数回重ね、長さ4㎝に切る

ピザ用チーズ … 50g

A だし汁 … 350㎖
- しょうゆ … 小さじ2
- 塩 … 小さじ3/4

▶混ぜ合わせる

1 鍋に豚バラと白菜のミルフィーユの切り口を上にして詰め、**A**をかける。中火で熱し、煮立ってきたら弱火にし、ふたをして15分ほど煮る。

2 白菜の軸がやわらかくなったら中央にピザ用チーズをのせ、溶かしながらいただく。

うどん

残った煮汁に冷凍うどん1玉を凍ったまま加え、ほぐしながらやわらかくなるまで煮る。ピザ用チーズ適量を加え、軽く溶かす。

直径20㎝の鍋に合わせた分量です。鍋に詰めるときはぎゅうぎゅうにしておくことがきれいに仕上げるポイント。

サンラー鍋

素材のうまみ、汁の辛みでぐんぐん箸が進みます。

310kcal
塩分 1.6g

［材料と下準備］ 2〜3人分

豚バラ薄切り肉 … 150g ▶幅2cmに切る
絹ごし豆腐 … 1丁 ▶8mm角の棒状に切る
しいたけ … 6枚 ▶軸を取って薄切りにする
えのきたけ … 大1袋
▶根元を切って食べやすく分ける
長ねぎ … 1本
▶縦半分に切ってから厚さ5mmの斜め切りにする
A 水 … 600mℓ
鶏がらスープの素（顆粒）… 小さじ1
酢 … 大さじ3
しょうゆ … 大さじ2と1/2
砂糖 … 小さじ2
塩 … 小さじ1/4
ごま油 … 少々
水溶き片栗粉
片栗粉 … 大さじ1と1/2
水 … 大さじ3
▶溶き混ぜる
粗びき黒こしょう、ラー油 … 各適量

1 鍋に**A**を混ぜて中火で熱し、煮立ったら豚肉を入れて煮る。色が変わったら豆腐、しいたけ、えのきたけ、長ねぎを加え、5分ほど煮る。

2 全体に火が通ったら、水溶き片栗粉をもう一度混ぜてから加える。とろみがついたら粗びき黒こしょうをふり、ラー油をかける。

ラーメン
中華生めん1玉はパッケージの表示どおりにゆでて器に盛り、残った煮汁をかける。好みで酢適量をかけても。

 しいたけとえのきたけは、きくらげやたけのこ（水煮）などでもOKです。辛さはラー油で調整してください。

わかめとひじきのファイバー鍋

見るからに健康的な一品！
鍋の具材としてのわかめのおいしさをぜひ味わってください。

［材料と下準備］ 2〜3人分

豚ロース薄切り肉（しゃぶしゃぶ用）… 200g

芽ひじき（乾燥）… 15g

▶たっぷりの水に15分ほどつけて戻し、水けをきる

わかめ（塩蔵）… 80g

▶ふり洗いをして塩を落とし、たっぷりの水に5分ほどつけて戻し、水けをきって大きめのひと口大に切る

豆苗 … 1パック

▶根元を切り落として長さを半分に切る

A だし汁 … 800mℓ
しょうゆ … 大さじ2
酒 … 大さじ2
みりん … 大さじ2
塩 … 小さじ1/4

1 鍋に**A**を混ぜて中火で熱し、煮立ったらひじきを入れて7〜8分煮る。

2 豚肉を加え、再び煮立ったらわかめと豆苗を加えてさっと煮る。

汁かけご飯

温かいご飯150gを器に盛り、残った煮汁をかけて練りわさび少々を添える。

春にはぜひ旬の生わかめで作ってみてください。豆苗の代わりに水菜やほうれん草、春菊、レタスでもおいしいです。

210kcal
塩分 1.9g

鶏胸ときのこのとろとろみ鍋

きのこのうまみがたっぷり!
あっさりとした鶏胸肉には、
とろろをよくからめて食べると
おいしさが引き立ちます。

[材料と下準備] 2～3人分

鶏胸肉 … 250g
▶皮を取り、大きめのそぎ切りにしてから幅1㎝に切り、片栗粉大さじ2をまぶす

まいたけ … 大2パック
▶食べやすい大きさに分ける

えのきたけ … 大1袋
▶根元を切って食べやすく分ける

しいたけ … 6枚
▶軸を取って半分に切る

しょうが … 2かけ
▶せん切りにする

長いも … 350g
▶すりおろす

A だし汁 … 700㎖
しょうゆ … 大さじ3
酒 … 大さじ3
みりん … 大さじ3
砂糖 … 大さじ1/2

一味唐辛子 … 適量

1 鍋に**A**を混ぜて中火で熱し、煮立ったら鶏肉、きのこ、しょうがを入れて5～6分煮る。

2 全体に火が通ったら長いもをのせ、一味唐辛子をふる。

鶏胸肉は片栗粉をまぶすことでしっとりと仕上がります。長く煮すぎないこともコツ。

鶏胸肉は豚もも薄切り肉や牛切り落とし肉でもOK。きのこは好みのもので構いません。ごぼうやれんこんをたしても。

そば

そば（乾めん）70g はパッケージの表示どおりにゆでて冷水でしめ、水けをきる。残った煮汁に加えてさっと煮、器に盛ってすりおろした長いも適量をのせ、刻みのり適量を散らす。好みで一味唐辛子適量をふっても。長いもをのせる場合はあらかじめ取り分けておくとよい。

鶏と白菜の昆布だし鍋

シンプルでほっとするおいしさ！
白菜の大量消費にもぴったりです。
鶏のだしがたっぷりと出た煮汁は
うどんといっしょにいただきましょう。

［材料と下準備］ 2〜3人分

鶏もも肉 … 300g
▶余分な脂肪を取ってひと口大に切る

白菜 … 1/4個
▶軸と葉に切り分け、軸はひと口大、
葉は大きめのひと口大に切る

A 水 … 800㎖
だし昆布 … 15×5㎝1枚
▶鍋に入れて15分ほどおく

B しょうゆ … 大さじ3
酒 … 大さじ3
みりん … 大さじ3
塩 … ひとつまみ

1 **A**を入れた鍋を弱火で熱し、煮立ってきたら**B**を入れて中火にする。煮立ってきたら鶏肉を加える。

2 再び煮立ってきたら白菜の軸を加え、弱めの中火にして10分ほど煮る。

3 白菜の軸がしんなりとしたら中火にし、白菜の葉を加えてさっと煮る。

稲庭うどん

残った煮汁に冷凍稲庭うどん１玉を凍ったまま加え、ほぐしながらやわらかくなるまで煮る。器に盛り、小口切りにした長ねぎ適量をのせる。

昆布のうまみをしっかり味わうために、昆布は入れっぱなしに。煮立たせすぎないよう注意。
鶏もも肉は豚バラ薄切り肉でもOKです。

251kcal
塩分 1.8g

358kcal
塩分 3.5g

ひき肉と高菜漬けの台湾風鍋

しっかりと味のついた高菜漬けと、ごま油の豊かな香りが、あっさりとした豆腐やレタスによく合います。

［材料と下準備］ 2〜3人分

豚ひき肉 … 200g
木綿豆腐 … 小2丁
▶大きめのひと口大に切る
高菜漬け（刻んであるもの）… 100〜120g
レタス … 1/2玉
▶ひと口大にちぎる
A 水 … 700mℓ
鶏がらスープの素（顆粒）… 小さじ2
しょうゆ … 大さじ2
酒 … 大さじ2
砂糖 … 大さじ1
酢 … 大さじ1
ごま油 … 大さじ1
ごま油 … 大さじ1
塩、いりごま（白）… 各適量

1 鍋にごま油を中火で熱し、ひき肉をほぐしながら炒める。色が変わったら高菜漬けを加え、さっと炒め合わせる。

2 全体に油が回ったら**A**を加え、煮立ったら豆腐とレタスを加えて3〜4分煮る。塩で味をととのえ、ごまをふる。

ラーメン

中華生めん1玉はパッケージの表示どおりにゆでて器に盛り、残った煮汁をかける。

木綿豆腐は厚揚げでもOK。土鍋を使用する場合、ひき肉を炒めるときは強火にかけないこと。急に高温で熱すると、ひび割れの原因になります。心配な場合はフライパンで炒めてから移しましょう。高菜漬けの塩けに合わせて最後に塩で味をととのえます。

牛肉と根菜のしょうゆ鍋

絶対においしい牛肉とごぼうの組み合わせは、鍋にしても美味！
少ない調味料でも深みのある味に仕上がります。
れんこんの食感が絶妙のアクセントに。

［材料と下準備］ 2～3人分

牛切り落とし肉 … 200g
ごぼう … 1本
▶ささがきにしてさっと水にさらし、水けをきる
れんこん … 250g
▶厚さ5㎜の半月切りにして
さっと水にさらし、水けをきる
A だし汁 … 800㎖
しょうゆ … 大さじ3と1/2
みりん … 大さじ3と1/2
細ねぎ（小口切り）、粉山椒（好みで）
… 各適量

1 鍋に**A**を混ぜて中火で熱し、煮立ったらごぼうとれんこんを入れ、ふたをして弱火で15分ほど煮る。

2 れんこんがやわらかくなったら、牛肉を加えてさっと煮る。牛肉の色が変わったら細ねぎを散らし、粉山椒をふる。

もち

切りもち2～3個はオーブントースターなどでこんがりと焼き、残った煮汁に加えてさっと煮る。

牛切り落とし肉の代わりに豚バラ薄切り肉でもOK。粉山椒ではなく一味唐辛子や七味唐辛子をふってもおいしいです。

304kcal
塩分 1.8g

プルコギ蒸し鍋

牛肉のしっかりとした下味で、野菜がたっぷり食べられます。少ない水分で蒸し煮にし、おいしさを凝縮させました。

[材料と下準備] 2～3人分

牛切り落とし肉 … 200g
▶玉ねぎ（すりおろし）1/8個分、にんにく（すりおろし）1/2かけ分、しょうゆ大さじ3、砂糖・ごま油各大さじ2、塩・一味唐辛子各少々をもみ込む

玉ねぎ … 2個
▶縦半分に切ってから横に厚さ1cmに切る

パプリカ（赤）… 1個
▶縦半分に切ってから縦に薄切りにする

細ねぎ … 5本
▶長さ6cmに切る

水 … 大さじ3
すりごま（白）… 適量

1 鍋に玉ねぎ、パプリカ、牛肉の順に重ね入れ、水を回しかける。ふたをして中火で熱し、10分ほど蒸し煮にする。

2 全体に火が通ったら細ねぎをのせ、ごまをふってざっくり混ぜる。

パプリカの代わりにズッキーニや好みのきのこなどでもおいしいです。

357kcal
塩分 2.9g

トマトすき煮鍋

トマトには甘み、酸味、そしてうまみがたっぷり！
くずして煮汁の一部にすることで、
ほかの具材をさらにおいしくしてくれます。
暖かい季節のスタミナメニューとしてもぴったり。

326kcal
塩分 2.2g

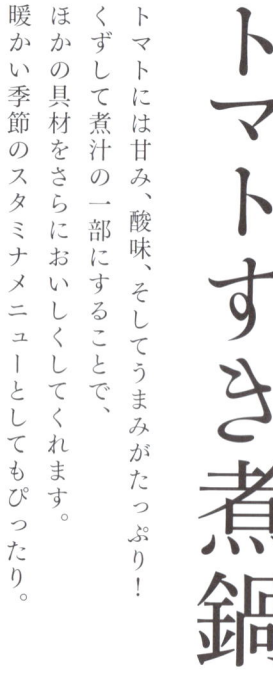

[材料と下準備] 2〜3人分

牛もも薄切り肉（すき焼き用）… 200g
卵 … 2〜3個
トマト … 3個（400g）
▶横半分に切る
玉ねぎ … 1個
▶縦半分に切ってから横に厚さ1cmに切る

A 水 … 100㎖
しょうゆ … 大さじ4と1/2
酒 … 大さじ4と1/2
みりん … 大さじ4と1/2
砂糖 … 大さじ1と1/2

1 鍋に**A**を混ぜて中火で熱し、煮立ったらトマトの切り口を下にして入れ、あいているところに玉ねぎを加える。ふたをして弱めの中火で5分ほど煮る。

2 トマトを木べらで粗くつぶし、牛肉を加えて返しながらさっと煮る。

3 器に卵を割りほぐし、**2**をからめていただく。

〆 うどん

残った煮汁に冷凍うどん1玉を凍ったまま加え、ほぐしながらやわらかくなるまで煮る。

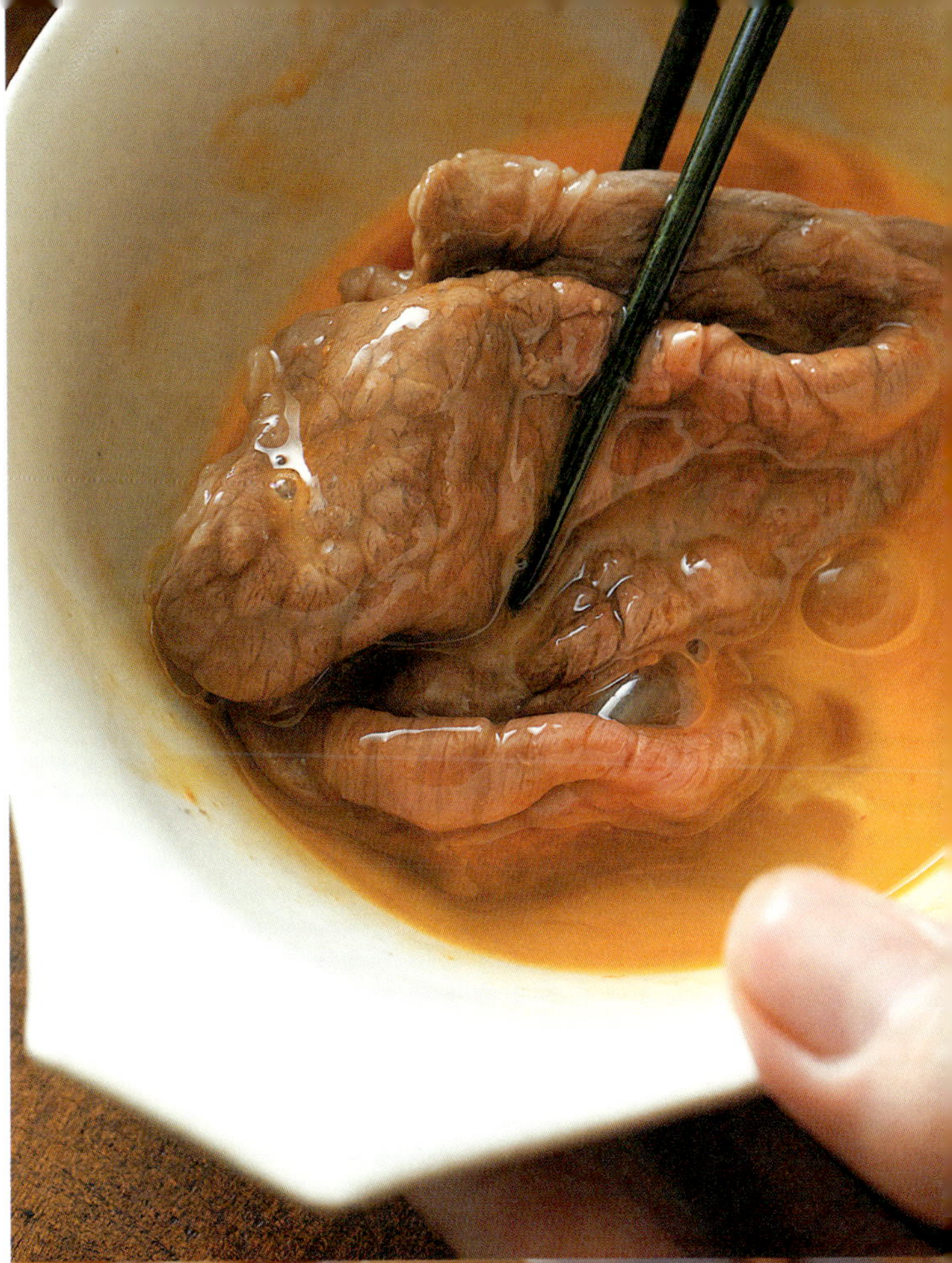

トマトは粗くつぶし、食感を残すのがおいしさのポイント。

ちぎり厚揚げの梅鍋

梅の酸味で食欲のないときにもすっと食べられます。

152kcal
塩分 3.2g

［材料と下準備］ 2〜3人分

厚揚げ … 1枚（250g）
▶ペーパータオルではさんで表面の油を取り、ひと口大にちぎる

梅干し … 3個（正味40g）
▶種を取り除く

もやし … 大1袋

せり … 1束
▶長さ7cmに切る

A だし汁 … 800mℓ
しょうゆ … 大さじ2
塩 … 小さじ1/4

1 鍋に**A**を混ぜて中火で熱し、煮立ったら厚揚げを入れて7〜8分煮る。

2 梅干しを粗くちぎりながら加え、もやしとせりを加えてさっと煮る。

雑炊

温かいご飯150gはざるに入れ、流水でさっと洗ってぬめりを取り、残った煮汁に加えて温める。器に盛り、粗くちぎった焼きのりといりごま（白）各適量を散らす。

もやしは白菜やかぶ、せりは水菜でもOK。梅干しによって塩分が異なるので、塩の量で味を調整してください。

もち巾着鍋

だしがジュッとしみ込んだもち巾着のおいしさを存分に味わって！

332kcal
塩分 1.4g

［材料と下準備］ 2〜3人分

油揚げ…3枚
▶長さを半分に切り、切り口からていねいに袋状に開く。熱湯で2分ほどゆでてざるに上げて冷まし、水けを絞る

切りもち…小6個

水菜…1/2束
▶長さ6㎝に切る

A だし汁…1000㎖
みりん…大さじ2
しょうゆ…大さじ1
酒…大さじ1
塩…小さじ1

1 油揚げにもちを1個ずつ入れ、切り口を楊枝で縫うように留める。

2 鍋に**A**を混ぜて中火で熱し、煮立ったら**1**を入れる。再び煮立ったら弱めの中火にして15分ほど煮る。

3 もちがやわらかくなったら中火にし、水菜を加えてさっと煮る。

 水菜の代わりにほうれん草でもおいしいです。

3色おでん

厳選素材のシンプルなおでんです。
これだけで大丈夫!? と思うかもしれませんが、
実はちくわのだしがとてもよくきいています。
いったん冷まして、味をよくしみ込ませてください。

［材料と下準備］ 2〜3人分

ちくわ … 大2本
▶斜め半分に切る

ゆで卵 … 4個

大根 … 大12cm
▶厚さ3cmの輪切りにして切り口に十文字の切り込みを入れる

A だし汁 … 800mℓ
みりん … 大さじ3と1/2
しょうゆ … 大さじ1と1/2
塩 … 小さじ1

水 … 小さじ1

練り辛子 … 適量

1 大根は耐熱皿にのせて水をふり、ふんわりとラップをかけて電子レンジで12分ほど加熱する。竹串を刺してみて、すっと通るようになったら冷水に取って冷まし、水けをきる。

2 鍋に**A**を混ぜて中火で熱し、煮立ったら**1**を入れる。再び煮立ったらふたをして弱火にし、40分ほど煮る。

3 ちくわとゆで卵を加え、再びふたをして3〜4分煮る。火を止めてそのまま冷まし、味を含ませる。いただく直前に温め、練り辛子を添える。

夏は冷蔵室でよく冷やして、冷やしおでんにしてもおいしいです。ちくわは好みの練り製品で代用して構いません。

230kcal
塩分 2.7g

375kcal
塩分 3.3g

column
2

焼き肉のたれで作る鍋

牛肉とズッキーニの韓国風蒸し鍋

牛肉に焼き肉のたれをからめたら、
あとは塩、こしょうでOK！
暖かい季節にもよく合う、
ご飯が進むおかず鍋です。

［材料と下準備］ 2〜3人分

牛切り落とし肉 … 200g
▶焼き肉のたれ大さじ6をもみ込む

春雨（乾燥） … 50g
▶長さを半分に切る

玉ねぎ … 1個
▶厚さ1cmのくし形切りにする

ズッキーニ … 2本
▶厚さ5mmの輪切りにする

水 … 200mℓ
塩、こしょう … 各少々
いりごま（白）、一味唐辛子 … 各適量

1 鍋に春雨、玉ねぎ、ズッキーニ、牛肉の順に重ね入れ、水を回しかける。ふたをして中火で熱し、10分ほど蒸し煮にする。

2 全体に火が通ったら塩、こしょうをふり、春雨をほぐしながらざっくり混ぜ、ごまと一味唐辛子をふる。

下味をつけた牛肉をいちばん上にして加熱することで、味がほかの食材にも行き渡ります。

余りがちな焼き肉のたれも、鍋で使いきってしまいましょう。スパイシーな風味がきいた甘辛味の鍋が作れます。

365kcal
塩分 2.1g

ひき肉とじゃがいもの甘辛鍋

焼き肉のたれの味をしっかりとしみ込ませたひき肉が、野菜をおいしく食べさせてくれます。

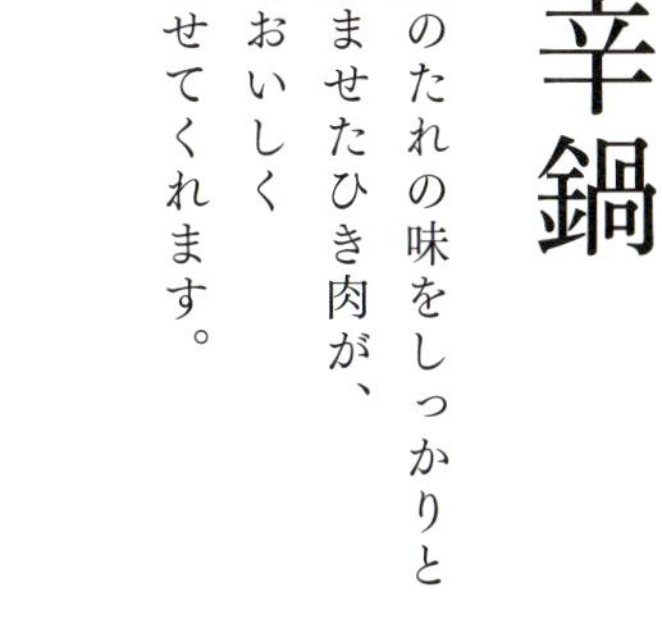

[材料と下準備] 2～3人分

豚ひき肉 … 250g
▶塩小さじ1/4をふる

じゃがいも … 4個
▶4つ割りにしてさっと水にさらし、水けをきる

パプリカ（赤）… 1個
▶ひと口大に切る

A 水 … 700mℓ
焼き肉のたれ … 大さじ6
塩 … 少々

粗びき黒こしょう … 適量

1 鍋に**A**を混ぜて中火で熱し、煮立ったらひき肉を指先でひと口大につまみ、軽くまとめて入れる。

2 ひき肉の色が変わったらじゃがいもとパプリカを加えてざっくり混ぜ、弱めの中火にして10分ほど煮る。

3 じゃがいもに竹串を刺してみて、すっと通るようになったら粗びき黒こしょうをふる。

パプリカを好みのきのこや玉ねぎに代えてもおいしいです。焼き肉のたれによって塩分が異なるので、塩の量で調整してください。

みその鍋

納豆のうまみがキムチや豚肉を引き立てます。入れすぎると香りが強くなるので注意。豆もやしは大根でも。

アボカド豚キムチ鍋

ボリュームも栄養もたっぷりの鍋。
アボカドはさっと温めるくらいがおすすめです。
そのマイルドなおいしさが、
がっつり味の中で絶妙のアクセントになります。

463kcal
塩分 2.5g

［材料と下準備］ 2〜3人分

豚バラ薄切り肉 … 200g
▶長さ7cmに切る

納豆 … 1パック（40g）
▶軽くほぐす

白菜キムチ（カットタイプ）… 120g
豆もやし … 2袋
アボカド … 1個
▶縦にぐるりと包丁を入れて2つに分け、包丁の刃元を種に刺して取り除く。皮をむき、横に厚さ1.5cmに切る

A 水 … 800mℓ
鶏がらスープの素（顆粒）… 小さじ1
みそ … 大さじ3
しょうゆ … 小さじ1
砂糖 … 小さじ1
ごま油 … 小さじ1
にんにく（すりおろし）… 1/2かけ分

一味唐辛子 … 適量

1 鍋に**A**を混ぜる。キムチと納豆を入れて中火で熱し、煮立ったら豚肉を加える。再び煮立ったら豆もやしを加え、ときどき返しながら5〜6分煮る。

2 全体に火が通ったらアボカドを加えてさっと煮、一味唐辛子をふる。

ラーメン

中華生めん1玉はパッケージの表示どおりにゆでて器に盛り、残った煮汁をかける。

担担ミルク鍋

牛乳で手軽に作れる
こくたっぷりのスープで、
野菜がたくさん食べられます。
〆はもちろん中華めんで！

［材料と下準備］ 2〜3人分

豚ひき肉 … 200g
もやし … 1袋
青梗菜 … 2株
▶長さを半分に切り、軸はさらに6つ割りにする
にんにく … 2かけ
▶みじん切りにする
A 水 … 500mℓ
鶏がらスープの素（顆粒）… 小さじ2
みそ … 大さじ3
しょうゆ … 大さじ1
酢 … 大さじ1/2
ごま油 … 大さじ1/2
豆板醤 … 大さじ1/2
牛乳 … 300mℓ
すりごま（白）、ラー油 … 各適量

1 鍋にごま油、豆板醤、にんにくを入れて中火で熱し、香りが立ったらひき肉を加えてほぐしながら炒める。ひき肉の色が変わったら**A**を加えて混ぜ、煮立ったらもやしと青梗菜の軸を加えて5〜6分煮る。

2 青梗菜の軸がしんなりとしたら青梗菜の葉を加え、さっと煮る。

3 牛乳を加えて弱火にし、煮立たせないように温め、ごまをふってラー油をかける。

〆

ラーメン

中華生めん1玉はパッケージの表示どおりにゆでて器に盛る。ピザ用チーズ適量をのせ、残った煮汁をかける。

牛乳の代わりに豆乳でもOK。土鍋を使用する場合、ひき肉を炒めるときは強火にかけないこと。
急に高温で熱すると、ひび割れの原因になります。心配な場合はフライパンで炒めてから移してください。

280kcal
塩分 2.8g

鶏とさつまいものみそバター鍋

さつまいもの甘みにみそバターがぴったり！

385kcal
塩分 1.7g

［材料と下準備］ 2～3人分

鶏もも肉 … 300g
▶余分な脂肪を取って大きめのひと口大に切る

さつまいも … 1本
▶皮つきのまま厚さ1.5cmの輪切りにし、さっと水にさらして水けをきる

小松菜 … 1束
▶長さ5cmに切る

A だし汁 … 800mℓ
みそ … 大さじ3
しょうゆ … 大さじ1/2

バター … 20g

1 鍋に**A**を混ぜて中火で熱し、煮立ったら鶏肉を入れる。再び煮立ったらさつまいもを加え、弱めの中火にして10分ほど煮る。

2 さつまいもに竹串を刺してみて、すっと通るようになったら小松菜を加えてさっと煮、バターを加える。

汁かけご飯

温かいご飯150gを器に盛り、残った煮汁をかける。

鶏もも肉は鶏手羽中や豚バラ薄切り肉、小松菜はほうれん草やブロッコリーでもおいしいです。

鶏手羽とごぼうの辛みそ鍋

たった2つの食材で深みのある仕上がりに。

311kcal
塩分 1.6g

[材料と下準備] 2〜3人分

鶏手羽元 … 8本
▶骨に沿って切り込みを入れる

ごぼう … 2本
▶長さ5cmに切り、めん棒でたたいて縦に2〜4つに割り、さっと水にさらして水けをきる

A だし汁 … 800mℓ
みそ … 大さじ3
みりん … 大さじ2
塩 … 少々
赤唐辛子（小口切り）… 2本分

1 鍋に**A**を混ぜる。手羽元とごぼうを入れて中火で熱し、煮立ったらふたをして弱火にし、手羽元がやわらかくなるまで20〜25分煮る。

うどん

残った煮汁に冷凍うどん1玉を凍ったまま加え、ほぐしながらやわらかくなるまで煮る。器に盛り、小口切りにした細ねぎ適量を散らす。

鶏手羽元は切り込みを入れることでだしが出やすくなり、骨離れがよくなって食べやすくなります。

鮭とキャベツの みそチーズ蒸し鍋

蒸されて甘みがよく引き出されたキャベツに、
とろとろのチーズをたっぷりからめてめしあがれ。
鮭の切り身で気軽に作れて、
栄養も食べごたえも満点の鍋です。

［材料と下準備］ 2～3人分

生鮭（切り身）…2～3切れ
▶大きめのひと口大のそぎ切りにして塩小さじ1/4をふり、5分ほどおいてペーパータオルで水けを拭く

キャベツ…1/2個
▶大きめのひと口大に切る

絹さや…60g
▶筋を取る

ピザ用チーズ…100g

A みそ…大さじ2
砂糖…小さじ2
しょうゆ…小さじ1
水…小さじ1
▶混ぜ合わせる

水…大さじ4

1 鍋にキャベツ、絹さや、鮭の順に重ね入れ、水を回しかける。ふたをして中火で熱し、10分ほど蒸し煮にする。

2 全体に火が通ったら**A**をかけ、ピザ用チーズをのせる。再びふたをしてチーズが溶けるまで2～3分蒸し煮にする。

鮭は塩をふって水けを拭き取ることで、くせがなくなり、うまみが凝縮されます。

306kcal
塩分 2.9g

さば缶の香味みそ鍋

定番の大根と春菊に
さば缶を組み合わせると不思議なほどおいしく！
にんにくとしょうがをきかせて
全体をさっぱりと引き締めます。

[材料と下準備] 2〜3人分

さば缶（水煮）…1缶（約200g）
▶缶汁をきり、身を粗くほぐす

大根…1/4本
▶厚さ1cmの半月切りにする

春菊…1束
▶葉を摘み、茎は長さ5cmに切り、太いものはさらに縦半分に切る

にんにく…2かけ
▶縦半分に切ってつぶす

しょうが…1かけ
▶せん切りにする

A だし汁…800mℓ
みそ…大さじ3
みりん…大さじ2

1 鍋に**A**を混ぜる。にんにくとしょうがを入れて中火で熱し、煮立ったら大根を加えてふたをし、弱火にして20分ほど煮る。

2 大根に竹串を刺してみて、すっと通るようになったら春菊の茎を加える。春菊の茎がしんなりとしたら、さばと春菊の葉を加えてさっと煮る。

春菊の代わりにクレソンやせりなどの香りのある野菜を合わせてもおいしいです。

153kcal
塩分 1.8g

うどん

残った煮汁に冷凍うどん１玉を凍ったまま加え、ほぐしながらやわらかくなるまで煮る。器に盛り、すりごま（白）適量をふる。

油揚げと白菜のたらこ鍋

たらこがそのまま煮汁になります。火を通しながらたらこをほぐして、食材にからめながら食べるとおいしいですよ。うまみを吸った油揚げもたまりません。

［材料と下準備］ 2〜3人分

油揚げ … 大2枚
▶横に幅2cmに切り、ざるに入れて熱湯を回しかけ、水けをきる

たらこ … 1腹（70g）
▶幅1cmに切る

白菜 … 1/4個
▶軸と葉に切り分け、軸は小さめのひと口大、葉は大きめのひと口大に切る

A だし汁 … 700mℓ
みそ … 大さじ2と1/2
みりん … 大さじ1と1/2

1 鍋に**A**を混ぜて中火で熱し、煮立ったら油揚げと白菜の軸を入れ、弱めの中火にして5分ほど煮る。

2 白菜の軸がしんなりとしたら、白菜の葉を加えて2〜3分煮る。たらこを散らし入れ、さっと煮る。

おじや

残った煮汁に温かいご飯150gを加え、とろみがつくまで煮る。昆布のつくだ煮適量を添える。

たらこは好みの加減に火を通しましょう。白菜を減らして大根やもやしをたしてもおいしいです。

228kcal
塩分 2.1g

column
3

カレールウで作る鍋

242kcal
塩分 2.4g

ソーセージとキャベツのカレー鍋

子どもも喜ぶ組み合わせ！
知らず知らずのうちに
野菜もたっぷり食べられます。
〆はカレーうどんでぜひ。

［材料と下準備］ 2〜3人分

ウインナソーセージ … 8本
▶浅い切り込みを斜めに入れる
ホールトマト缶 … 1/2缶（200g）
キャベツ … 1/2個 ▶ひと口大に切る
ピーマン … 3個 ▶ひと口大に切る
A 水 … 600mℓ
洋風スープの素（顆粒）… 大さじ1
カレールウ … 40g
粉チーズ … 適量

1 鍋にホールトマトを入れて木べらで身を粗くつぶし、**A**を加えて混ぜる。中火で熱し、煮立ったらキャベツを加えてふたをし、弱火にして10分ほど煮る。ざっと返してソーセージとピーマンを加え、再びふたをして5分ほど煮る。

2 全体に火が通ったら火を止め、カレールウを加えて溶かす。再び弱火で熱し、2〜3分煮て粉チーズをふる。

〆 **うどん** 残った煮汁に冷凍うどん１玉を凍ったまま加え、ほぐしながらやわらかくなるまで煮る。

ルウを加えたら必ず弱火で熱し、鍋底を焦がさないよう気をつけましょう。
ウインナソーセージの代わりにベーコン、ピーマンの代わりにパプリカや好みのきのこでも構いません。

すっかりおなじみのカレー鍋は、ごく一般的なカレーのルウで簡単に作れます。好みのルウで構いません。

330kcal
塩分 1.7g

鶏手羽とかぼちゃのトマトカレー鍋

手羽から出ただしとトマトの甘み、うまみで深みのある味に！夏にも食べたいカレー鍋です。

［材料と下準備］ 2〜3人分

鶏手羽元 … 6本
▶骨に沿って切り込みを入れ、塩、こしょう各少々をふる

玉ねぎ … 1/2個
▶粗いみじん切りにする

かぼちゃ … 1/4個
▶長さを半分に切ってから縦3等分に切る

トマト … 2個
▶4つ割りにする

A 水 … 600mℓ
トマトケチャップ … 大さじ1と1/2
しょうゆ … 大さじ1/2
塩 … 小さじ1/3
こしょう … 少々

サラダ油 … 小さじ1
カレールウ … 40g

1 鍋にサラダ油を中火で熱し、手羽元の皮目を下にして入れ、ときどき返しながら3〜4分焼く。焼き色がついたら玉ねぎを加えて炒め合わせる。

2 玉ねぎがしんなりとしたら**A**を加えて混ぜ、ふたをして弱火で20分ほど煮る。かぼちゃとトマトを加え、さらに6〜7分煮る。

3 かぼちゃに竹串を刺してみて、すっと通るようになったら火を止める。カレールウを加えて溶かし、再び弱火で熱してひと煮する。

汁かけご飯

温かいご飯150gを器に盛り、残った煮汁をかける。

鶏手羽元は鶏もも肉でもOK。かぼちゃの代わりにじゃがいもを入れてもおいしいです。土鍋を使用する場合、手羽元を焼くときは強火にかけないこと。急に高温で熱すると、ひび割れの原因になります。心配な場合はフライパンで焼いてから移しましょう。

たれの鍋

ひらひら大根のみぞれ常夜鍋

薄切りにした大根としゃぶしゃぶ肉に、
さっと火を通して食べるのが
おいしいんです！
みぞれポン酢でさっぱりどうぞ。

［材料と下準備］ 2〜3人分

豚ロース薄切り肉（しゃぶしゃぶ用）… 200g
大根 … 1/4本
▶あればスライサーで薄い輪切りにする

ほうれん草 … 1束
▶根元をつけたまま長さを半分に切り、
根元はさらに縦半分に切る

A 水 … 800mℓ
だし昆布 … 15×5cm1枚
▶鍋に入れて15分ほどおく

B 酒 … 50mℓ
塩 … ひとつまみ

たれ（みぞれポン酢）
大根（すりおろし）
… 1/4本分
ポン酢しょうゆ … 適量
一味唐辛子 … 適量
▶器に入れる

1 **A**を入れた鍋を弱火で熱し、煮立ってきたら**B**を入れて中火にする。再び煮立ってきたら弱めの中火にし、大根、ほうれん草、豚肉を各適量加えて火を通し、たれにつけていただく。

ふつふつする程度の火加減で豚肉に火を通すとやわらかく仕上がります。
大根の代わりに同様に極薄切りにしたれんこんを入れてもおいしいです。大根を減らして長ねぎや水菜をたしてもOK。

豚バラと豆もやしの蒸し鍋

こっくりおいしいみそだれで、野菜がパクパク食べられます。火を通しすぎずにシャキシャキの食感を残しておくことがおいしく仕上げるコツ！

397kcal
塩分 2.4g

［材料と下準備］ 2〜3人分

豚バラ薄切り肉 … 200g
▶長さ6㎝に切る

豆もやし … 大2袋
にんじん … 1/2本
▶あればスライサーでせん切りにする

たれ（ピリ辛ごまみそだれ）
みそ … 大さじ3
すりごま（白）… 大さじ1
砂糖 … 大さじ1
ごま油 … 大さじ1
豆板醤 … 小さじ1
にんにく（すりおろし）… 少々
▶混ぜ合わせる

塩 … 小さじ1/3
こしょう … 少々
水 … 大さじ2

1 鍋に豆もやし、にんじん、豚肉の順に重ね入れ、塩、こしょうをふって水を回しかける。ふたをして中火で熱し、10分ほど蒸し煮にする。

2 全体に火が通ったらざっくり混ぜ、たれをつけていただく。

たれは多めに作って保存しておいても。生野菜や焼いた肉につけるとおいしいです。
豚バラ薄切り肉は牛切り落とし肉でもOK。にんじんの代わりにじゃがいもでもよいでしょう。

[材料と下準備] 2～3人分

骨つき鶏もも肉（水炊き用・ぶつ切り）
…550g
白菜 … 大1/8個
▶軸と葉に切り分け、軸はひと口大、
葉は大きめのひと口大に切る
水菜 … 1/2束 ▶長さ6cmに切る
A 水 … 800mℓ
酒 … 大さじ3
塩 … 小さじ1/3
たれ（中華ねぎだれ）
長ねぎ（みじん切り）… 1/3本分
しょうが（みじん切り）… 1かけ分
しょうゆ … 大さじ2と1/2
酢 … 大さじ2と1/2
砂糖 … 大さじ2
ごま油 … 大さじ1
いりごま（白）… 小さじ1
塩 … ひとつまみ
▶混ぜ合わせる

1 鍋に**A**を混ぜる。鶏肉を入れて中火で熱し、煮立ってきたらふたをして弱火で15分ほど煮る。白菜の軸を加え、さらに15分ほど煮る。

2 白菜の軸がしんなりとしたら中火にし、白菜の葉を加えて2～3分煮る。水菜を加えてさっと煮、器に移してたれをかけていただく。

鶏と白菜の中華ねぎだれ鍋

鶏肉と白菜は鍋でおなじみの組み合わせですが、ここに中華風のねぎだれを合わせることで新しいおいしさに出会えます。酢、しょうゆなどで簡単に作れますのでぜひお試しを。

このたれはゆで鶏や冷ややっこにかけてもおいしいです。多めに作って保存しても。
骨つきの鶏もも肉は30分煮ることでほろほろの食感に。白菜と水菜は豆苗、せり、春菊などでも代用できます。

ソーセージとブロッコリーのチーズ蒸し鍋

カマンベールをたっぷり1個分加えたら、あとは素材のおいしさをシンプルに塩とオリーブオイルで味わいます。白ワインによく合う鍋です。

［材料と下準備］ 2～3人分

ウインナソーセージ … 6本
▶縦半分に切る

玉ねぎ … 1個
▶縦半分に切ってから横に厚さ1cmに切る

さやいんげん … 100g ▶へたを取る
ブロッコリー … 1株 ▶小房に分ける
カマンベールチーズ … 1個（100g）
▶8等分の放射状に切る

A 白ワイン … 大さじ2
水 … 大さじ2

たれ（オリーブ塩）
オリーブオイル … 適量
塩 … 適量
▶器に入れる

塩、こしょう … 各少々

1 鍋に玉ねぎ、さやいんげん、ブロッコリー、ソーセージの順に重ね入れ、塩、こしょうをふって**A**を回しかける。ふたをして中火で熱し、8～9分蒸し煮にする。

2 全体に火が通ったらカマンベールチーズを加えて再びふたをし、1～2分蒸し煮にする。チーズがやわらかくなったら、たれにつけていただく。

430kcal
塩分 2.5g

野菜は少しやわらかめくらいの仕上がりがおすすめ。

ウインナソーセージはベーコンに、さやいんげんはセロリやズッキーニに、ブロッコリーはカリフラワーに代えてもOKです。

246kcal
塩分 2.6g

[材料と下準備] 2〜3人分

ぶり（しゃぶしゃぶ用刺身）… 200g
長ねぎ（青い部分も使用）… 2本
▶白い部分は縦半分に切ってから厚さ3㎜の斜め切り、青い部分は厚さ3㎜の斜め切りにする

A 水 … 800㎖
だし昆布 … 15×5㎝1枚
▶鍋に入れて15分ほどおく

B 酒 … 50㎖
塩 … ひとつまみ

たれ（みそごま酢だれ）
みそ … 大さじ3
しょうゆ … 大さじ1と1/2
砂糖 … 大さじ1
酢 … 大さじ1
すりごま（白）… 大さじ1
水 … 大さじ1
塩 … 少々
▶混ぜ合わせる

1 **A**を入れた鍋を弱火で熱し、煮立ってきたら**B**を入れて中火にする。再び煮立ってきたら弱めの中火にし、長ねぎとぶりを各適量加えて火を通し、たれにつけていただく。

ねぎぶりしゃぶ鍋

脂ののったぶりにごまがたっぷり入ったみそと酢のたれがよく合います。
長ねぎは青い部分もいっしょにぜひ。
ぶりの生臭さを抑えて、おいしさを引き出してくれます。

ぶりは鯛やかんぱちの刺身でもOK。長ねぎは薄く切るのがポイント。水菜やせりでもおいしいです。

トマトしょうゆの湯豆腐

194kcal
塩分 2.9g

角切りトマトが入ったしょうゆベースのたれのおかげで、新鮮なおいしさのある湯豆腐に。飽きることなくたっぷり食べられます。

［材料と下準備］ 2〜3人分

絹ごし豆腐 … 2丁
▶6等分に切る

生だら（切り身）… 2切れ
▶3等分に切って塩少々をふり、5分ほどおいてペーパータオルで水けを拭く

たれ（トマトしょうゆ）
しょうゆ … 大さじ4
みりん … 大さじ1
削り節 … 小1パック（3g）
トマト（1㎝角）… 1/2個分（60g）

A 水 … 800mℓ
だし昆布 … 15×5㎝1枚
▶鍋に入れて15分ほどおく

B 酒 … 50mℓ
塩 … ひとつまみ

細ねぎ（小口切り）… 適量

1 小鍋にたれのトマト以外の材料を入れて中火で熱し、ひと煮立ちしたら火を止め、トマトを加えて混ぜる。

2 **A**を入れた鍋を弱火で熱し、煮立ってきたら**B**を入れて中火にする。再び煮立ってきたら弱めの中火にし、豆腐とたらを加えて5分ほど煮る。器に移し、**1**のたれを少しずつかけ、細ねぎを散らしていただく。

豆腐の水分で味が薄まるので、このたれは濃いめにしてあります。具に水菜や長ねぎをたしてもOKです。

オイスターソースで作る鍋

応用編
1

鶏、大根、青菜の オイスター 黒こしょう鍋

たっぷりのうまみ、こくのある煮汁に、間違いない食材の組み合わせ。こしょうをきかせることで全体が引き締まります。

→P94

246kcal
塩分 1.7g

「基本調味料」とはいえないけれど、今やたいていの家には常備してあるオイスターソース。
牡蠣を原料とした、濃厚なうまみ、こく、甘みのあるとろりとしたソースで、鍋に使っても絶品！

ハムと白菜のオイスタークリーム鍋

中華風のクリーム煮を鍋にアレンジ。
ボリュームはありながらもやさしい味で、
実は意外と低カロリーです。
きくらげが食感のアクセントに！

↓P94

130kcal
塩分 1.7g

ナンプラーで作る鍋

応用編 2

鶏手羽とレタスのエスニック鍋

レタスが1玉分入っていても、どんどん食べられてしまうくせになる味。まるでサラダのような鍋です。野菜はあまり火を通さず、食感を楽しんで。

↓P95

245kcal
塩分 2.5g

ナンプラーも今や一般家庭で活躍中の調味料。魚を塩漬けにして1年ほど熟成させたタイのしょうゆ（魚醤）です。強い塩けと独特のうまみがあって、これを使うと鍋が途端にエスニック風に変身します。

魚介とセロリのナンプラー鍋

タイ料理のようなおかず鍋。魚介のうまみ、セロリと紫玉ねぎのさっぱりとした味わいが、お互いを引き立て合います。

↓ P.95

119kcal
塩分 3.0g

鶏、大根、青菜のオイスター黒こしょう鍋

[材料と下準備] 2〜3人分

鶏もも肉 … 300g
▶余分な脂肪を取ってひと口大に切る

大根 … 1/4本
▶長さ5cm、7〜8mm角の棒状に切る

小松菜 … 1束
▶長さ5cmに切る

A 水 … 800mℓ
鶏がらスープの素（顆粒）… 小さじ1
オイスターソース … 大さじ3
しょうゆ … 小さじ2

ごま油 … 大さじ1
粗びき黒こしょう … 適量

1 鍋に**A**を混ぜて中火で熱し、煮立ったら鶏肉を入れる。再び煮立ったら大根を加え、弱めの中火にして10分ほど煮る。

2 大根がしんなりとしたら小松菜を加え、さっと煮る。ごま油を回し入れ、粗びき黒こしょうをふる。

ラーメン

中華生めん1玉はパッケージの表示どおりにゆでて器に盛り、残った煮汁をかける。好みで酢適量をかけても。

しょうゆと組み合わせてバランスのよい味に。
小松菜の代わりに青梗菜でもおいしいです。

ハムと白菜のオイスタークリーム鍋

[材料と下準備] 2〜3人分

ロースハム … 5枚
▶6等分の放射状に切る

白菜 … 1/4個
▶軸と葉に切り分け、軸はひと口大、葉は大きめのひと口大に切る

きくらげ（乾燥）… 8g
▶ぬるま湯に20分ほどつけて戻し、水けをきる。かたい部分を取り、大きいものは半分に切る

A 水 … 300mℓ
鶏がらスープの素（顆粒）… 小さじ1
オイスターソース … 大さじ1と1/2
塩 … 小さじ1/4
こしょう … 少々

B 牛乳 … 200mℓ
片栗粉 … 大さじ1
▶溶き混ぜる

ごま油 … 大さじ1

1 鍋に**A**を混ぜて中火で熱し、煮立ったら白菜の軸ときくらげを加える。ふたをして弱火にし、8分ほど煮る。

2 白菜の軸がしんなりとしたらハムと白菜の葉を加え、さっと煮る。**B**をもう一度混ぜてから加え、煮立たせないように温め、ごま油を回し入れる。

汁かけご飯

温かいご飯150gを器に盛り、残った煮汁をかけて粗びき黒こしょう適量をふる。

牛乳を加えた後は、分離しないように
煮立たせないのがポイント。

ナンプラーで作る鍋

鶏手羽とレタスのエスニック鍋

［材料と下準備］ 2〜3人分

鶏手羽元 … 8本
▶骨に沿って切り込みを入れる

レタス … 1玉
▶大きめにちぎる

香菜 … 2株
▶長さ5cmに切る

にんにく … 2かけ
▶薄切りにする

A 水 … 800mℓ
鶏がらスープの素（顆粒）… 小さじ1
ナンプラー … 大さじ3
赤唐辛子（小口切り）… 2本分

ライム（横半分に切って4つ割り）… 適量

1 鍋に**A**を混ぜて中火で熱し、煮立ったら手羽元を入れる。再び煮立ったらふたをし、弱火にして20〜25分煮る。

2 手羽元がやわらかくなったら、にんにく、レタス、香菜を加えてさっと煮る。ライムを搾っていただく。

春雨

春雨（乾燥）50gはパッケージの表示どおりに戻し、残った煮汁に加えてさっと煮る（手羽元はほぐす）。器に盛って香菜適量をのせ、ライム適量を搾る。

鶏手羽元は骨つき鶏もも肉（水炊き用）や鶏手羽中でもOK。
ライムの代わりにレモンでも構いません。

魚介とセロリのナンプラー鍋

［材料と下準備］ 2〜3人分

いか … 2はい
▶足を抜いて軟骨を取り、胴は幅1cmの輪切りにする。足はわたとくちばしを取って2本ずつに切り分ける

あさり（砂抜き済み）… 300g
▶殻同士をこすり合わせて洗う

セロリ（葉つき）… 1本
▶茎と葉に切り分け、茎は厚さ5mmの斜め切り、葉は大きめにちぎる

紫玉ねぎ … 1個
▶厚さ1.5cmのくし形切りにする

A 水 … 800mℓ
鶏がらスープの素（顆粒）… 小さじ1
ナンプラー … 大さじ2
レモン果汁 … 大さじ1
赤唐辛子（小口切り）… 2本分

1 鍋に**A**を混ぜて中火で熱し、煮立ったらセロリの茎と紫玉ねぎを入れ、4〜5分煮る。いかとあさりを加え、さらに4〜5分煮る。

2 いかの色が変わり、あさりの口が開いたらセロリの葉を加えてさっと煮る。

ラーメン

中華生めん1玉はパッケージの表示どおりにゆでて器に盛る。残った煮汁をかけ、レモン適量を搾る。

魚介は加熱しすぎると縮まるので要注意。
紫玉ねぎは玉ねぎでもOKです。

市瀬悦子

料理研究家。食品メーカーに勤務後、料理研究家のアシスタントを経て独立。「おいしくて作りやすい家庭料理」をモットーに、書籍、雑誌、テレビなどで活躍中。著書に『すぐやせおかず糖質オフ200』『基本調味料で作る5分麺』（ともに主婦と生活社）など多数。

http://www.e-ichise.com

調理補助　是永彩江香、織田真理子
撮影　福尾美雪
スタイリング　駒井京子
デザイン　高橋朱里、菅谷真理子（マルサンカク）
文・栄養計算　佐藤友恵
校閲　泉敏子、河野久美子
編集　小田真一

読者アンケートにご協力ください

この度はお買い上げいただきありがとうございました。『基本調味料で作る鍋』はいかがだったでしょうか？ 右下のQRコードからアンケートにお答えいただけると幸いです。今後のより良い本作りに活用させていただきます。所要時間は5分ほどです。

＊このアンケートは編集作業の参考にするもので、ほかの目的では使用しません。詳しくは当社のプライバシーポリシー（https://www.shufu.co.jp/privacy/）をご覧ください。

基本調味料で作る鍋

著　者　市瀬悦子
編集人　東田卓郎
発行人　倉次辰男
発行所　株式会社主婦と生活社
〒104-8357 東京都中央区京橋3-5-7
編集部　☎03-3563-5129
販売部　☎03-3563-5121
生産部　☎03-3563-5125
https://www.shufu.co.jp

製版所　東京カラーフォト・プロセス株式会社
印刷所　大日本印刷株式会社
製本所　共同製本株式会社

ISBN978-4-391-15367-5

十分に気をつけながら造本していますが、落丁、乱丁本はお取り替えいたします。お買い求めの書店か、小社生産部にお申し出ください。